SÉNÉGAL-SOUDAN

CONFÉRENCE DE GARNISON

FAITE A CHALONS-SUR-MARNE

LE 10 FÉVRIER 1897

PAR LE CHEF D'ESCADRONS PROST

du 15ᵉ Régiment de Chasseurs

CHALONS-SUR-MARNE

MARTIN FRÈRES, IMPRIMEURS-ÉDITEURS, PLACE DE LA RÉPUBLIQUE

—

1897

SÉNÉGAL-SOUDAN

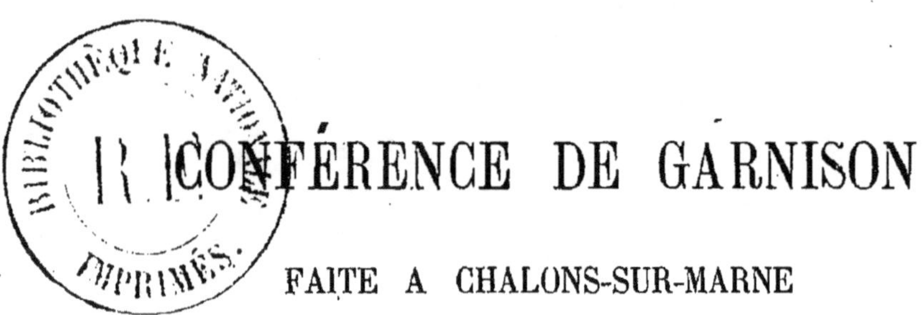

CONFÉRENCE DE GARNISON

FAITE A CHALONS-SUR-MARNE

LE 10 FÉVRIER 1897

PAR LE CHEF D'ESCADRONS PROST

du 15ᵉ Régiment de Chasseurs

CHALONS-SUR-MARNE

MARTIN FRÈRES, IMPRIMEURS-ÉDITEURS, PLACE DE LA RÉPUBLIQUE

—

1897

SÉNÉGAL — SOUDAN

Mon Général, Messieurs,

M. le Général de Division Hervé, commandant le 6e Corps d'armée, ayant exprimé le désir que quelques conférences de garnison soient faites à Châlons, M. le Général de division Mennessier de la Lance, commandant la 3e division de cavalerie, m'a désigné pour avoir l'honneur de vous parler du Sénégal et du Soudan français.

Les instructions que j'ai reçues, m'ont conduit à diviser mon travail en quatre parties :

1° Aperçu historique et pourquoi une Afrique occidentale française ;

2° Quelques mots de nos adversaires les plus sérieux :

El Hadj Omar,

Ahmadou, sultan de Ségou,

L'Almamy Samory ;

3° La cavalerie au Sénégal et au Soudan ;

4° Occupation de Tombouctou.

Avant d'aborder le premier chapitre, je remplis avec plaisir le devoir de faire connaître la source où j'ai puisé.

Les écrits de M. le Général Archinard, de l'artillerie de marine, sous les ordres duquel j'ai eu l'honneur de servir, et dont le nom est inséparable de celui du Soudan, m'ont permis de baser une partie de cette conférence sur les rapports d'un chef dont la compétence est indiscutée.

CHAPITRE Ier.

APERÇU HISTORIQUE ET POURQUOI UNE AFRIQUE OCCIDENTALE FRANÇAISE.

En 1393, quelques pécheurs Dieppois débarquent devant la barre du Sénégal, s'établissent sur la côte et nouent des relations avec les indigènes.

En 1698, André Brûe, directeur des comptoirs de la Compagnie royale du Sénégal, entrevoit l'importance commerciale d'une liaison du Sénégal et du Niger ; il remonte le Sénégal jusqu'au confluent de la Falémé et fonde le fort de Saint-Joseph, aujourd'hui poste de Bakel.

Compagnon en 1702, Rubault en 1786, tous deux employés de la Compagnie royale du Sénégal, complètent la reconnaissance du Sénégal et de la Falémé.

En 1809, les Anglais occupent la colonie du Sénégal qui fait retour à la France en 1817.

En 1818, Mollien, commis de marine, entreprend une exploration qui le conduit aux sources de la Gambie.

En 1824-1825, l'enseigne de vaisseau de Beaufort explore de nouveau le bassin de la Gambie et du Sénégal ; il remonte ce dernier jusqu'au confluent des deux grandes rivières Bakhoy et Bâfing qui forment le Sénégal proprement dit (Bâfoulabé).

En 1827, René Caillé entreprend le voyage si remarquable qui doit l'amener au Maroc, après avoir traversé le Soudan et le Sahara.

En 1846, Raffenel tente de traverser le continent africain de l'Ouest à l'Est, mais il ne peut dépasser le Kaarta où il est retenu prisonnier pendant huit mois.

En 1854, le Commandant du Génie Faidherbe est nommé

Gouverneur du Sénégal ; il crée une colonie où nous n'avions que des comptoirs. Sous sa direction, cette colonie se développe vers l'Est.

Plus tard, l'œuvre commencée par le commandant Faidherbe se continue : aujourd'hui il existe un Soudan français et Tombouctou est occupée.

Pourquoi avoir fait du Sénégal et du Soudan une colonie française ?

N'eût-il pas mieux valu que l'action de la France se limitât à l'établissement de comptoirs ?

Il ne m'appartient de parler sur ce sujet qu'en faisant des citations (M. LEROY-BEAULIEU) :

« Il ne sert de rien de prendre possession de quelques « points sur la côte d'Afrique, si l'on n'est pas résolu à en « faire le point de départ d'une œuvre lente de pénétra-« tion dans l'intérieur et d'occupation des districts situés « loin de la mer. Cette politique pouvait réussir aux Indes, « en Chine, dans tous les grands pays qui ont une popula-« tion dense, déjà civilisée et jouissant de la paix.

« Sur les côtes d'Afrique cette politique n'amènera que « des déceptions.

« Tant qu'une puissance européenne se bornera à occuper « quelques points de la côte, les résultats qu'elle obtiendra « seront médiocres.

« Le commerce ne naîtra et ne s'étendra, que dans les « régions où des puissances auront établi leur autorité « effective, où elles feront régner la paix avec l'appui d'une « force disciplinée et docile, où elles empêcheront les « guerres locales, les massacres, le pillage, où elles ouvri-« ront des voies de communication.

« Les seules contrées de l'Afrique où pourra se déve-« lopper un commerce abondant, seront celles qui se trou-« veront placées sous la direction effective et sous l'autorité « réelle des puissances européennes.

« Les noirs d'Afrique, pour parvenir à un certain degré

« de civilisation, et par conséquent, à un degré un peu
« élevé de production et d'échanges, ont besoin d'être
« dirigés, guidés, gouvernés pendant un bon nombre
« d'années par les Européens. Là où ces conditions ne
« seront pas remplies, le commerce restera toujours em-
« bryonnaire. »

Des hommes sincères diront encore qu'il vaudrait mieux
ne pas avoir de colonies du tout, et se contenter de quelques
comptoirs sur les côtes, ou de quelques points fortifiés pour
les vaisseaux.

M. Leroy-Beaulieu a répondu par avance, à ceux qui
n'admettent pas que l'on s'établisse loin des côtes, quand il
dit :

« Un Anglais fort avancé sur son époque, au commence-
« ment du XVIIe siècle, conseillait à la Compagnie anglaise
« des Indes, de se contenter d'entretenir dans l'Hindoustan,
« des comptoirs commerciaux, et d'éviter toutes les
« conquêtes.

« Les événements qui contraignirent la compagnie des
« Indes à devenir de plus en plus une puissance continen-
« tale ne sont pas fortuits, ils se présentent naturellement
« chez des peuples barbares. Il ne faudrait pas attribuer le
« cours imprévu des conquêtes britanniques à la seule
« ambition (*d'un Clive ou d'un Waren Hastings*). La force
« des choses y a beaucoup plus contribué que la volonté
« des hommes.

« Il est facile de s'abstenir complètement de toute colo-
« nisation ; mais il est chimérique, entré dans cette carrière
« entraînante, de vouloir limiter à un cercle étroit, et à un
« mode déterminé d'avance, l'activité colonisatrice d'un
« grand état. »

Ce que la France a voulu, n'est donc pas d'établir au
Soudan quelques comptoirs, assurant à quelques maisons
de commerce un certain chiffre d'affaires ; non, elle veut

avoir en Afrique un domaine capable de développer dans l'avenir l'industrie et le commerce de la métropole.

Et dans ce but, elle a confié diverses missions à des explorateurs ; puis, après études, elle a envoyé en même temps des troupes pour l'occupation et du matériel pour construire les premiers kilomètres — 130 — du chemin de fer qui doit relier et reliera le Sénégal au Niger.

Le commandant Faidherbe cherchait à faire bénéficier le Sénégal du commerce avec le centre de l'Afrique, et plus particulièrement du commerce avec les régions baignées par le Niger : ce projet sera réalisé quand la voie ferrée, reliant les deux fleuves, sera construite.

L'occupation de Tombouctou creusera peut-être un fossé plus profond entre le nord de l'Afrique et le Soudan ; mais le commerce n'aura pas à en souffrir, puisque fatalement, les routes à travers le désert cesseront peu à peu d'être suivies, et que les marchandises françaises, aussi bien que les produits du centre de l'Afrique, prendront le chemin plus rapide et plus économique du Niger et du Sénégal, reliés par une voie ferrée.

Bientôt le Sahara ne donnera asile qu'aux gens que les oasis pourront nourrir ; sa population nomade qui ne vivra plus des apports des caravanes, se fixera et sera bien obligée de trouver un autre métier que celui de pillards.

D'ailleurs, si les relations entre le Maroc, la Tripolitaine et le Soudan, doivent devenir moins fréquentes, si le nord de l'Afrique et le Soudan doivent devenir de plus en plus des régions distinctes au point de vue commercial, l'inverse se produira au point de vue militaire, pour l'Algérie et le Soudan : les rebelles ne pourront plus vivre aussi facilement et les points nécessaires à l'organisation des révoltes deviendront accessibles.

Pour développer le commerce au Sénégal comme au Soudan, il faut non-seulement que le prix de revient des gommes et des arachides soit assez faible pour que ces produits puissent lutter sur les marchés d'Europe avec les produits similaires et les produits étrangers, mais il faut développer d'autres ressources commerciales.

Les plantes que l'on trouve au Soudan ont leurs congénères plutôt dans les Indes qu'en Amérique, et c'est le commerce des Indes qui est surtout le rival du commerce du Sénégal et du Soudan.

Le riz, le coton et l'indigo...., se trouvent aux Indes, le bitter-kola lui-même est du même genre que la plante d'où on tire la gomme-gutte, les apocynées qui donnent le caoutchouc sont du même genre que celles que l'on trouve à Madagascar, baignée par la mer des Indes. Les arachides de Coromandel, l'indigo du Bengale et de Java, le sésame exporté par Bombay, l'illipé analogue au karité, font déjà concurrence en Europe aux produits du Soudan, parce qu'ils proviennent de pays où l'outillage commercial est développé, où l'on trouve des routes, des chemins de fer et des bateaux qui prennent du fret à très bas prix.

L'outillage et les voies de communication manquent au Soudan, même au Sénégal ; les débuts sont difficiles, mais l'Afrique occidentale française est près de l'Europe, les frais de transport arriveront à être tellement inférieurs à ceux que nécessiteront les marchandises de l'Inde, que l'avantage restera à la colonie d'Afrique.

CHAPITRE II.

QUELQUES MOTS DE NOS ADVERSAIRES LES PLUS SÉRIEUX.

EL HADJ OMAR

El Hadj Omar, marabout toucouleur (1), né aux environs de Podor, était venu se fixer dans le Dinguiray après avoir

(1) Toucouleur : métis des Peuls et des noirs ; Peuls, hommes d'un brun rougeâtre, aux traits presque européens ; on les suppose venus de l'Est, de l'Ethiopie peut-être ?

passé plusieurs années à la Mecque. Il acquit une réputation de piété qui s'étendit jusqu'aux rives du Niger, et lui permit, lorsqu'il jugea le moment venu, de lever l'étendard de la guerre sainte. Il envahit les vallées de la Falémé et du Sénégal, menaça bientôt les postes avancés de Bakel et de Sénoudébou.

Cette première tentative eut un plein succès. En quelques mois le Kaarta, le Kasso, le Boundou, le Fouta central, reconnurent l'autorité du prophète noir ; les populations voisines de nos postes commencèrent à se détacher de nous et à prendre une attitude hostile. Deux petites colonnes envoyées de Saint-Louis ne purent ramener le calme chez des populations surexcitées par le fanatisme.

La situation était grave pour les deux postes de Bakel et de Sénoudébou ; le commerce du Haut-Sénégal était arrêté, et dans l'orgueil de ses premiers succès, le marabout conquérant avait fait savoir à Saint-Louis, qu'il n'attaquerait pas nos postes si nous consentions à les abandonner pour toujours.

Le commandant Faidherbe répondit que non-seulement il maintenait nos positions sur le Haut-Sénégal, mais qu'il étendait la zône de protection en reportant la frontière au-delà de Bakel.

C'est ainsi que le poste de Médine fut créé en 1855, à 140 kilomètres en amont de Bakel, à plus de 1,000 kilomètres de Saint-Louis, en aval des chutes du Félou, limite de la navigation sur le Sénégal pendant les hautes eaux.

En avril 1857, El Hadj Omar en personne vient mettre le siège devant Médine avec un corps de 12,000 guerriers.

La garnison du nouveau poste se compose de sept soldats européens et cinquante soldats noirs sous les ordres de Paul Holl.

Sambala, notre allié, roi de Médine, défend la ville avec ses guerriers armés de fusils et protégés par un tata (1).

(1) Tata : mur, enceinte en terre, des créneaux y sont ménagés ; quelques tatas ont des flanquements, même des réduits.

A la suite du premier assaut repoussé le 20 avril 1857, les assaillants, dans leur ignorance des effets du flanquement, restent longtemps au pied de l'enceinte se croyant à l'abri ; ils ne se retirent qu'après avoir été décimés par la fusillade et par la mitraille, laissant le terrain couvert de guerriers tués.

Le poste et le tata résistent pendant trois mois.

Lorsque le commandant Faidherbe vient débloquer Médine, le 18 juillet, il trouve la garnison réduite de plus de la moitié, manquant de nourriture, n'ayant presque plus de munitions, et vivant entourée de cadavres dans un affreux état de putréfaction.

Ce siège de Médine eut un grand retentissement dans tout le Soudan : le prestige d'El Hadj Omar en fut diminué.

En 1860, il accepte les conditions de paix qui lui sont proposées par le commandant Faidherbe, et il continue la guerre sainte contre les idolâtres du bassin du Niger.

En 1861, il est maître du grand royaume de Ségou ; en 1862, il entre à Tombouctou, et sa domination s'étend alors du Fouta-Diallon à Sokolo et du Sahara jusqu'aux territoires de Kong.

En 1864, il est tué par des Peuls révoltés, son royaume est partagé entre ses fils. L'aîné, Ahmadou, seul regardé comme son successeur, règne à Ségou dans le palais de son père.

AHMADOU, SULTAN DE SÉGOU.

Non seulement Ahmadou avait succédé à son père, El Hadj Omar, comme souverain de la plus grande partie des états conquis, mais il avait hérité de son influence religieuse, et Ségou, sa résidence, était la ville sainte, la citadelle de l'Islam, le centre de la résistance aux progrès des Français dans le Haut-Sénégal et dans la boucle du Niger.

L'influence d'Ahmadou s'étendait au loin, son hostilité

contre les Français et leurs alliés se manifestait en toute occasion sans cependant en arriver à une rupture complète.

En 1884, lorsqu'il fut informé qu'une canonnière descendrait le Niger dans le but de reconnaître le fleuve, il répondit par une lettre menaçante.

Cela ne l'empêcha point de quitter Ségou pour gagner Nioro, en passant par Nyamina, quand il fut convaincu que le voyage de la canonnière allait s'exécuter.

En 1885, le « Niger », commandé par le lieutenant de vaisseau Davout, se présentait devant Nyamina qui fit bon accueil, devant Ségou qui ne fit aucune démonstration, et descendit jusqu'à Diafarabé s'occupant seulement de travaux hydrographiques.

Ahmadou est à Nioro, mais il considère que Ségou est toujours la capitale de son empire ; il y a laissé son fils Madani comme chef, et tous deux en toutes circonstances, témoignent ouvertement de leur hostilité.

Le lieutenant-colonel Galliéni dit : « Ce sultan de Ségou, « appuyé par ses bandes de toucouleurs, est le fléau de tout « le pays, et tant qu'il régnera, le Haut-Niger sera désert et « opprimé. »

Ségou forme sur le Niger une barrière que les pirogues des Somonos (1) bambarras, ou des dioulas (2), ne peuvent franchir, la peine de mort attend ceux qui enfreindraient les ordres du Sultan ; la conséquence la plus grave de cette situation est que le Niger, cette artère naturelle du Soudan occidental, est fermée au commerce et ne peut servir de voie de communication aux marchands indigènes.

Plus tard Madani inflige de lourdes amendes aux pirogues qui apportent du riz aux canonnières, il défend aux riverains, sous les peines les plus sévères, de fournir ou même de laisser prendre le bois nécessaire au chauffage des machines.

---

(1) Somonos : pêcheurs du Niger, laptots, piroguiers, marins.
(2) Dioulas : noirs qui ne s'occupent que de commerce.

Aux représentations qui lui sont faites par le commandant de Bamako, il répond insolemment qu'il se moque des Français, « comme des moustiques bourdonnant à ses oreilles. »

En 1889, l'hostilité de Madani revêt un caractère plus dangereux : ses agents corrompent l'interprète et quelques laptots de l'équipage du « Niger », dans le but d'empoisonner le commandant et de brûler la flottille.

Enfin Ahmadou fait piller des villages du cercle de Koundou, et fait enlever femmes et enfants. Des représentations lui sont faites par le colonel Archinard, sur les dangers auxquels il s'expose en violant nos frontières.

La réponse ne se fait pas attendre : refus formel de parler de frontières avec les Français, qui n'étaient dans le pays que comme commerçants et non comme propriétaires du sol qui avait appartenu à son père, et qui par conséquent lui appartenait.

L'occupation de Ségou fut résolue : elle devient un fait accompli le 6 avril 1890 et Madani s'enfuit.

On le retrouvera à Nioro.

Des recherches sont faites pour découvrir le fameux trésor de Ségou dont l'existence était signalée par Mage en ces termes : « Ce trésor se compose de tout l'or ramassé par « les rois bambaras, et sur lequel Ahmadou a fait main-« basse, il dépasserait une valeur de 20 millions. »

La vérité est que ce trésor a pu atteindre 2 millions, sur lesquels Ahmadou a du dépenser 8 à 900,000 francs et en emporter autant à Nioro ; le reste évalué par une commission représentait tant en or qu'en argent, la somme de 250,000 francs.

Les femmes d'Ahmadou (plus de 200) étaient enfermées dans le Dionfoutou (1), la porte est enfoncée à l'aide de deux

---

(1) Dionfoutou : Immense réduit dont l'enceinte en terre a quelquefois plus de 2 mètres d'épaisseur à la base et plus de 6 mètres de hauteur,

gargousses tirées à bout portant. Toutes ces femmes proviennent de prises de guerre et de razzias, ou ont été données comme cadeaux au sultan ; toutes ont été ou doivent être des épouses d'Ahmadou, qualité qui n'est pour le plus grand nombre que très momentanée ; c'est en effet parmi ces femmes qu'il puise lui-même quand il veut faire un cadeau royal, ou marier des parents et des serviteurs.

L'occupation de Ségou la ville sainte fut suivie de la prise d'Ouossébougou, forteresse toucouleure, sentinelle avancée dans le Bélédougou, d'où partaient les colonnes d'Ahmadou pour piller les villages, razzier les troupeaux, enlever les femmes et les enfants.

Après ces deux échecs le sultan fut tenté d'abandonner la lutte ; les renforts qu'il reçut de Ségou lui rendirent confiance : il prit l'offensive, attaqua et fut repoussé. Les combats de Kalé, des environs de Kayes et de Bafoulabé lui ont coûté cher, et la campagne s'est terminée par une revanche, la prise de Koniakary, en juin 1890.

A la suite de ces événements, et sur les conseils de son fils Madani, Ahmadou aurait bien voulu quitter Nioro avant la prochaine campagne, et sauver ainsi la plus grande partie de ses biens. Mais où aller ?

Il ne voulut pas décider lui-même ; il assembla les chefs toucouleurs, leur fit part de l'opinion de Madani, et leur dit : « Je ne suis plus rien, j'ai perdu la maison de mon « Père, mes colonnes ont été battues. Hier encore j'ai « défendu aux griots (1) de continuer à chanter mes lou- « anges et à m'appeler le « Casseur de têtes ». Je ne suis « plus qu'un musulman comme vous, je ferai ce que vous « déclarerez, ce sont vos intérêts plus que les miens qui « sont en jeu.

« Si vous voulez vous battre contre les Français, nous

______

(1) Griots : Caste à part, s'attachent aux chefs, chantent ou exaltent les exploits.

« nous battrons ; si vous voulez que nous partions, nous
« partirons, décidez. »

La séance fut orageuse, mais à part quelques vieillards
anciens serviteurs d'El Hadj Omar, qui avaient leur franc-
parler et qui reprochèrent à Ahmadou d'avoir amené la
guerre, tout le monde fut unanime pour dire qu'il fallait
rester dans le Kaarta.

Madani fut conspué, on lui reprocha sa fuite de Ségou :
« on lui montrerait comment on se bat contre les blancs
« s'ils essayaient de venir à Nioro, et ce que c'était qu'une
« colonne de Toucouleurs. »

On rappela le nombre d'officiers et de troupiers tués aux
Français, on parla de leurs forces, et l'hilarité gagna tout le
monde quand on dit « ils n'ont pas 50 cavaliers à Kayes. »

Madani se retira très calme en faisant caracoler son
cheval, pendant que derrière lui les Toucouleurs murmu-
raient : « C'est à Ségou qu'il fallait montrer que tu sais te
« servir d'un cheval autrement que pour fuir. »

Résultat : prise de Nioro le 1er janvier 1891 et fuite du
sultan dans le Macina.

Pendant l'hivernage de 1892, il s'était produit dans la
région de Ségou, divers incidents qui révélaient une certaine
fermentation chez ces populations qui subissaient l'influence
d'Ahmadou, devenu roi du Macina, en remplacement de son
frère Mounirou, emprisonné d'abord par son ordre, puis
empoisonné.

De nouveau Ahmadou, chef religieux et chef politique,
recommençait la lutte après avoir noué des relations avec
l'Almamy Samory, notre ennemi du Sud-Ouest.

Une colonne, commandée par le colonel Archinard, opéra
contre le Macina, et en quelques semaines, avril et mai
1893, le nouveau royaume d'Ahmadou était en notre pouvoir.

Djenné, Baudiaga et Mopti étaient postes français.

L'ALMAMY SAMORY.

Ce n'est qu'en 1881 que l'existence de Samory fut connue, et que l'on entendit parler de lui comme d'un grand guerrier et d'un conquérant.

Au mois d'août 1881, le Commandant du poste de Kita lui envoya comme messager de paix le lieutenant indigène Alakamessa, qui fut mal reçu, retenu prisonnier et menacé de mort.

Alakamessa s'échappa; depuis ce moment Samory est notre ennemi.

Il y eut quelques trèves, et si Samory permit à l'un de ses fils de venir à Paris, fils qui d'ailleurs n'était ni son héritier désigné ni son fils préféré, c'est qu'à ce moment il se sentait acculé et qu'il ne pouvait faire face à la fois à tous ses ennemis.

Samory n'est pas de race royale, il est le fils de ses œuvres : d'abord simple guerrier dans les bandes d'un marabout, il devient chef de bande lui-même au service du roi de Torondo, qu'il finit par chasser et par remplacer.

Sa force et sa supériorité sur les autres chefs sont venues de ce qu'il a su se constituer une petite armée permanente, à l'organisation de laquelle il a donné tous ses soins. Avec cette armée, il a successivement renversé les chefs qui n'avaient à lui opposer que des guerriers improvisés, et c'est ainsi que de proche en proche, il s'est emparé de toutes les régions du Haut-Niger et de ses affluents, depuis la frontière de Sierra-Leone jusqu'au Nafana.

Pour subvenir à l'entretien de ses sofas (guerriers), il fallait à Samory de l'argent; il s'en procurait par la vente des captifs de guerre, et il faisait la guerre de tous les côtés. Il s'approvisionna ensuite d'armes à tir rapide et de munitions, chez les Anglais de Sierra-Léone, par l'intermédiaire des Fouta-Diallonkés.

La supériorité que déjà il avait sur ses voisins, du fait de l'organisation de ses forces militaires, est devenue formidable avec cet armement perfectionné.

Tous ceux qu'il a attaqués ont succombé.

Seul Tiéba, roi d'un grand royaume, le Kénédougou, a arrêté devant Sikasso, sa capitale, les bandes victorieuses commandées par Samory en personne, en 1887-1888.

Ces guerres continuelles, cette chasse au captif ont fait de la domination de Samory un fléau pour les populations soumises à son autorité, et le nombre des habitants a diminué partout dans son empire, il n'a laissé que des ruines là où il avait trouvé richesse et prospérité.

Et pourtant, telle était la terreur qu'il a su inspirer à ses sujets, que rarement un soulèvement, même partiel, est venu contrarier ses desseins, que jamais un traître n'a essayé de mettre ses jours en péril, que jamais un espion n'a donné en temps opportun, des renseignements sur ses agissements.

C'est que Samory, à son prestige militaire de conquérant, de chef d'empire, a su joindre l'influence religieuse. Il n'a pas pris le titre de roi, mais celui d'Almamy, titre essentiellement musulman ; il a affecté en toutes circonstances, le plus grand souci des intérêts de la religion, et il s'est acquis un renom de marabout fervent, qui lui a permis quoique battu, de conserver son prestige.

En 1882, le lieutenant-colonel Borgnis-Desbordes, commandant supérieur du Haut-Sénégal, jugea qu'il ne pouvait laisser impunie l'insulte faite par Samory au lieutenant Alakamessa, qui lui avait été envoyé par le commandant de Kita.

Samory assiégeait Kénièra, grand marché du Ouassoulou sur la rive droite du Niger.

Le lieutenant-colonel Borgnis-Desbordes partit de Kita en février 1882, traversa le Niger et parvint près de Kénièra, sans avoir le moindre renseignement sur la position de l'armée de Samory, sur la nature de ses retranchements, sur la résistance de la ville assiégée.

L'approche de la colonne française est signalée à l'Almamy par des cavaliers qui, poursuivant des captifs, tombent sur l'avant-garde.

Le colonel commence l'attaque sans perdre un instant, l'ennemi était trop nombreux, pour qu'il fût prudent de lui donner le temps de se reconnaître.

Il y avait autour de Kénièra, quatre camps retranchés aux quatre sommets d'un vaste rectangle: des postes intermédiaires complétaient le blocus.

Un camp retranché, ou « sagné », est incendié; la colonne marche sur celui occupé par Samory, et ce chef qui avait annoncé qu'il ne reculerait pas devant les Français de la largeur de son pied, et qui avait promis à ses femmes des blancs pour les distraire, fuit honteusement, précédant une multitude de femmes, de fantassins et de cavaliers.

La ville de Kénièra était déserte, il y avait cinq jours qu'elle s'était rendue.

Des cadavres enchaînés, au nombre de plus de deux cents y sont trouvés, tous sont des guerriers brûlés par leurs vainqueurs.

Ces exécutions barbares inspirent aux noirs une terreur folle de Samory.

L'Almamy ne fut pas plus heureux dans les campagnes suivantes.

En 1883, il tente vainement d'empêcher la création du poste de Bamako.

Au commencement de 1885, alors que le commandant Combes considérait la campagne terminée par l'établissement du poste de Niagassola, Samory prenait l'offensive et cernait dans un petit tata, près de Nafadié, une compagnie de tirailleurs qu'il croyait tenir bientôt à sa merci. Elle fut délivrée et ramenée à Niagassola par le commandant Combes, qui dut soutenir au marigot de « Kokoro », tout l'effort de toutes les bandes de Samory, furieuses de voir leur échapper une proie qu'elles croyaient sûre.

***

Ce combat du « Kokoro » fut si meurtrier pour les noirs, il laissa chez eux l'impression d'une telle épouvante, que Samory, exaspéré, menaça de mort tout guerrier qui prononcerait devant lui le mot de « Kokoro ».

L'Almamy, fatigué de la lutte, demande la paix, et signe en 1886 un traité, renouvelé en 1887 puis en 1889, qui place son empire sous le protectorat de la France.

Ces traités ne furent pas exécutés.

Samory était encore trop fort pour accepter de soumettre son autorité à un contrôle : la guerre recommença en 1891, et ne s'arrêtera vraisemblablement qu'avec la ruine de sa puissance.

En 1892-1893, une colonne expéditionnaire commandée par le lieutenant-colonel Combes opéra contre Samory.

La campagne fut heureuse : trois postes nouveaux, Kissidougou, Farana, Eremakono, affirment notre prise de possession du Haut-Niger, et surveillent la frontière de Sierra-Léone pour empêcher le commerce des armes et des munitions.

Enfin, près de 30,000 personnes de tout sexe et de tout âge, que Samory emmenait en captivité, ont été reprises : la perte lui a été sensible, c'était de « l'argent sur pied », qui lui aurait permis de reconstituer ses bandes.

Actuellement donc, le puissant Almamy, privé de la plus grande partie de ses états, affaibli par les pertes importantes qu'il a éprouvées, ne paraît plus redoutable pour l'avenir de la colonie du Soudan français.

CHAPITRE III.

LA CAVALERIE AU SÉNÉGAL ET AU SOUDAN.

Les spahis sénégalais, créés en 1843, se composaient d'un peloton seulement ; l'ordonnance royale du 21 juillet 1845 met un escadron du 1er spahis au service de la marine pour la colonie du Sénégal.

Les officiers français seuls sont appelés à y servir ; les mutations entre les escadrons d'Algérie et celui du Sénégal, doivent avoir lieu dans les formes ordinaires.

L'effectif est en moyenne de 170 hommes de troupe, dont régulièrement deux tiers de spahis français. Le surplus est recruté par engagements volontaires parmi les noirs du pays, qui comme les indigènes d'Algérie, peuvent être nommés aux grades de brigadier et de maréchal-des-logis.

Les chevaux proviennent de la remonte d'Algérie : ils sont harnachés avec la selle arabe.

A la formation, l'armement de l'escadron comportait la lance ; elle a été supprimée, et aujourd'hui le spahis séné-galais est armé de la carabine, du sabre et du revolver.

L'escadron, entièrement à la disposition du Ministère de la Marine, est entretenu à ses frais : son administration indé-pendante du 1er spahis, est exercée par un conseil d'admi-nistration dont le capitaine-commandant est président.

Cet escadron sénégalais est devenu insuffisant, lorsqu'il s'est agi d'occuper le Soudan : le 26 décembre 1891 un décret porte création d'un escadron de spahis souda-nais, et un deuxième escadron soudanais est créé le 29 août 1893. Tous deux ont la même composition et sont absolument indépendants l'un de l'autre, en raison de la distance qui les sépare.

Chacun des capitaines-commandants est chef de corps ;

il engage ses hommes, achète ses chevaux, dispose des différentes masses, pour habiller, équiper, etc... ; enfin il pourvoit à tout dans la limite des crédits qui lui sont affectés, au moyen de pièces régulières, signées par le conseil d'administration de l'escadron, et soumises à la vérification des commissaires de la marine.

Le capitaine-commandant d'un escadron soudanais nomme aux grades et emplois de brigadiers et de sous-officiers, il tient les feuillets du personnel des officiers ; chaque année, il établit un travail d'inspection générale.

Un escadron de spahis soudanais se compose de 8 officiers et de 156 hommes de troupe.

Tous les officiers sont français, tous les spahis sont indigènes : les divers emplois compris dans les cadres de l'escadron, peuvent être occupés indifféremment par des français ou par des indigènes, à l'exception toutefois des comptables, de quatre maréchaux-des-logis, et de six brigadiers qui doivent être français. (Décret du 29 août 1893.)

Le recrutement européen des spahis sénégalais ou soudanais, est le résultat de demandes faites chaque année dans les régiments de cavalerie, par des cavaliers ayant un an de service et présentant de bonnes conditions de santé.

Ces demandes sont nombreuses : elles proviennent souvent de gradés qui comptent sur les expéditions pour arriver à l'épaulette.

Les spahis indigènes sont engagés par les capitaines-commandants, après avis du Docteur et sauf approbation du commissaire de la marine.

Le rêve des noirs étant d'être cavaliers, ils se présentent nombreux.

Il importe, avant de les admettre, de les étudier non-seulement au point de vue physique, mais de se bien renseigner au point de vue de leur caste : en général, si bien que puisse se présenter un noir, il ne sera jamais considéré par les spahis comme un camarade, s'il est esclave, et rarement il se conduira aussi bien qu'eux devant l'ennemi, surtout s'il ne fait pas partie d'un groupe, s'il n'est pas entraîné par le nombre.

L'escadron sénégalais reçoit ses chevaux du dépôt de remonte de Mostaganem.

Les escadrons soudanais se remontent avec les chevaux du pays, et cela avec d'autant plus de raison, que les chevaux d'Algérie ne vivent pas ou peu au Soudan. Il convient de dire que les chevaux du Bas-Sénégal ne résistent pas mieux.

Une expérience faite en 1883-1884 par un peloton de spahis montés avec des chevaux d'Algérie et des chevaux du Cayor, ne laisse aucun doute : tous sont morts pendant la campagne, sans qu'il ait été possible de constater une différence dans leur résistance au climat.

Du reste les noirs du Bas-Sénégal ne sont pas indemnes au Soudan, et sans être éprouvés comme les Européens, ils n'en paient pas moins un assez fort tribut à la fièvre.

En résumé, les escadrons soudanais se remontent facilement dans le Haut-Sénégal comme dans le bassin du Niger : les chevaux sont de petite taille et inférieurs à leurs aînés du sud-algérien, ils présentent néanmoins de bonnes qualités d'endurance, et se contentent souvent, pour toute nourriture, d'une poignée de grains de mil et de quelques tiges de brousse, desséchées par le vent d'Est.

L'officier qui pour la première fois est appelé à servir au Sénégal ou au Soudan, doit avant tout s'inspirer des conseils de ses camarades, et étudier les mœurs des indigènes, particulièrement celles des spahis : il ne paraît point qu'il soit possible, plus dans ces pays qu'ailleurs, de se servir utilement d'un instrument que l'on ne connaît pas.

Or le spahi noir, homme libre, est soldat avec plaisir, il se bat de tout cœur, sans arrière-pensée, avec le mépris absolu de la mort : aux coups de fusil, quand il sent qu'il va marcher, un large sourire découvre ses dents blanches, il devient impatient et il faut le maintenir. Ce même homme demande que l'on respecte ses croyances, et si puériles que puissent paraître ses usages, il n'y faut point toucher, il ne faut point vouloir remplacer ses coutumes par les nôtres.

Il est arrivé que des officiers ont critiqué leurs amulettes, se sont moqués de leurs talismans, et plus encore, ont défendu aux noirs de se couvrir de leur gris-gris de guerre !

Qu'est-il résulté ?

Mécontentement des spahis, moins de confiance : deux facteurs qui sont à considérer si l'on veut réussir en campagne.

Il faut laisser au soldat, quel qu'il soit, sa croyance entière dans sa religion, quelle qu'elle soit ; il n'en servira qu'avec plus de plaisir, il ne s'en conduira que mieux devant l'ennemi.

Le spahi indigène, pour donner toute sa mesure, a besoin de connaître son chef, il étudie le nouveau venu, ne se livre que bien progressivement, alors qu'il est acquis que l'officier est bon, qu'il ne crie pas.

L'indice de la force, de l'autorité, est pour le noir le calme ; un Européen qui crie, qui fait de grands gestes, devient de suite un sujet de curiosité : les spahis le regardent, ne comprennent pas, et de là à être pris d'un fou rire, il n'y a qu'un pas.

Traduction : il crie, donc il est impuissant.

Aussi chez les noirs, leurs chefs respectés ne parlent pas en public ; ils ont donné à l'avance des instructions à un porte-paroles qu'ils écoutent, et si parfois leurs volontés sont mal traduites, un geste à peine indiqué suffit pour qu'ils soient compris.

Au Sénégal comme au Soudan, les spahis ont toujours à combattre des ennemis de beaucoup supérieurs en nombre ; il faut que la confiance des cavaliers dans leurs chefs soit absolue, et ceux-ci peuvent l'inspirer, s'ils savent à propos payer de leur personne, et réussir dès le début quelques opérations, même de peu d'importance.

L'attitude de l'officier devra montrer que cela est naturel, il conservera sa tranquillité, laissera ses spahis enfler à plaisir la rencontre, et n'interviendra jamais pour rétablir la parfaite exactitude des faits.

Un bon spahi doit être convaincu qu'il est fils d'un grand guerrier, que jamais un ennemi n'a vu le dos de ses ancêtres, que jamais on ne verra le sien.

Au Sénégal comme au Soudan, les spahis ont toujours été un facteur sérieux dans toutes les colonnes : rarement ils ont été utilisés de la même manière.

Dans certains cas, la cavalerie, absolument liée à la marche de la colonne, la couvrait en avant, sur ses flancs et en arrière, depuis le départ jusqu'à l'arrivée, quelle que soit la nature du terrain, quelle que soit la proximité probable de l'ennemi. Les chevaux, chargés de plusieurs jours de vivres, étaient sellés pendant de longues heures, ils travaillaient sur place, s'usaient inutilement, et n'auraient fourni, le cas échéant, qu'une marche au galop relativement pénible, qu'une charge molle et pas de poursuite.

Quelquefois le commandant de la colonne, voulait bien admettre que l'officier de cavalerie pût être entendu et écouté.

Dans ce cas, lorsque l'ennemi n'était pas signalé, les spahis faisaient l'avant-garde sans subordonner leur marche à celle de la colonne ; de petites patrouilles assuraient la sécurité sur les flancs, quelques cavaliers restaient à la disposition de l'état-major, et quand le gros arrivait au campement, toutes les mesures de détail étaient prises pour faciliter l'installation, et les chevaux depuis plusieurs heures à la corde pouvaient fournir dans de bonnes conditions, un service supplémentaire.

Quand on se rapproche de l'ennemi, la marche se ralentit forcément, des mesures de prudence s'imposent : elles ne consistent cependant pas à enserrer la colonne dans un rideau de cavaliers qui ne voient rien ou peu, et qui n'offrent aucune résistance en raison de leur éparpillement.

Non, il faut conserver quelques flanqueurs pour la sécurité immédiate, et laisser le reste de l'escadron dans la main de son chef, qui marche à une certaine distance sur le côté menacé ou supposé tel, et qui toujours interviendra en temps opportun à cause de sa mobilité, quand il n'aura pas pris l'offensive.

En dehors de ces données générales, l'emploi de la cavalerie, au Sénégal comme au Soudan, doit être comme ailleurs la conséquence du terrain, de la façon de combattre des ennemis et de leur armement. Dans un pays connu les antécédents servent de guide, dans les autres cas la règle ne peut être tracée à l'avance : il faut qu'elle soit le résultat de l'expérience acquise chaque jour, il faut s'attendre à modifier le lendemain l'ordre adopté la veille, et il en sera ainsi jusqu'au moment où le commandant de la colonne, bien renseigné, pourra tabler sur des faits.

Il est rare dans ces pays, qu'un escadron marche à l'ennemi autrement que divisé : généralement c'est un seul peloton qui charge, quelquefois deux, c'est l'exception quand trois pelotons arrivent à combiner leurs mouvements pour aborder de front et par le flanc. Cela tient à la grande difficulté de faire vivre en colonne les hommes et les chevaux, à l'immense étendue de territoire qui motive le morcellement de chaque escadron, et enfin à la nécessité d'employer les spahis au double service de protection immédiate et de sûreté de première ligne.

Pour préciser le rôle de la cavalerie, il sera d'abord question d'un peloton détaché à quelque distance de la colonne, avec mission d'assurer sa marche normale et de repousser les cavaliers ennemis qui tenteraient d'approcher.

Tant que les spahis n'auront devant eux que quelques petits groupes de cavaliers, l'officier agira sagement en n'usant point ses chevaux en de vaines poursuites, il continuera sa marche en avant, portant son attention à ne pas laisser se former entre la colonne et lui, un groupe d'une certaine force. Il arrivera que les indigènes se replieront en avant ou sur un côté, et finiront par se trouver assez nombreux pour inquiéter la marche du peloton.

L'officier n'a pas à hésiter : il se dirigera droit sur le plus épais des ennemis à une allure plutôt tranquille, laissera chacun de ses cavaliers chantonner son cri de guerre, et commandera « chargez » à 100 mètres du but.

Le résultat ne sera pas douteux : les cavaliers ennemis disparaîtront pour la journée.

Ce même peloton, ayant la même mission, peut rencontrer non seulement des cavaliers mais des guerriers à pied armés de fusils, qui profiteront des couverts et pourront même laisser les spahis s'engager dans les bois.

L'officier qui devance une colonne et commande un groupe de cavaliers doit y voir clair et de loin ; il lui appartient quand il aperçoit des couverts de les faire reconnaître à l'avance et rapidement, pour que la marche du gros ne soit arrêtée que si l'ennemi est vraiment en force.

Le guerrier noir résiste difficilement au gros plaisir d'envoyer des coups de fusil, et si les deux ou trois spahis qui s'avancent en éventail ne sont pas accueillis par une grêle de balles, heureusement fort mal dirigées, l'officier français peut en conclure que la résistance ne sera pas sérieuse.

[Cependant dans ces dernières années, certains chefs de Samory ont obtenu que leurs sofas (1) ne tirent qu'à un commandement ou à un signal, et restent immobiles et silencieux, bien dissimulés dans les couverts qui bordent les marigots (2). Le rôle de l'officier d'avant-garde devient alors plus délicat : la reconnaissance du marigot peut lui coûter quelques cavaliers et il importe de ne rien sacrifier inutilement.]

Si donc les renseignements recueillis, les traces relevées, font supposer que la résistance peut être sérieuse et meurtrière, l'officier de cavalerie choisira un emplacement pour

____

(1) Sofas : guerriers permanents de Samory.

(2) Marigots : ruisseau, rivière, fleuve.

ses spahis, et attendra qu'une section ou un peloton de tirailleurs soit venu le renforcer.

Les tirailleurs devront être arrêtés avant qu'ils puissent être vus par l'ennemi, et les dispositions suivantes seront prises : les spahis placés bien en vue du passage à forcer, les tirailleurs se partageront et gagneront du terrain en se défilant sur la droite et sur la gauche, puis à une décharge de quelques carabines des cavaliers, ils exécuteront des feux sur le passage et marcheront ensuite droit devant eux au pas gymnastique, baïonnette au canon.

Qu'arrivera-t-il ?

Les guerriers noirs auront eu leur attention attirée par les spahis, ils ne s'inquiéteront pas de leur arrêt et s'attendront à une attaque : les coups de fusil des tirailleurs sur un flanc, puis sur l'autre les troubleront ; — c'est à ce moment que les spahis chargeront sur le passage et que les tirailleurs seront en vue. Le résultat ne sera pas douteux, l'expérience l'a prouvé.

Tout ceci demande de la part de l'officier qui commande l'avant-garde, une certaine expérience du pays, du calme et de la décision, toutes choses sans lesquelles tout devient difficile, sinon impossible.

Les insuccès des noirs ont conduit leurs chefs, particulièrement ceux de Samory, à chercher un autre moyen d'arrêter les Français : ils ont décidé de ne plus s'opposer directement à leur marche, mais de les inquiéter, de les harceler sans trêve ni merci, de jour comme de nuit. Des feux exécutés en avant, sur les flancs, et quelquefois en arrière par des sofas armés de fusils à tir rapide, devaient donner ce résultat.

Ces guerriers, fantassins ou cavaliers, quittaient une position pour une autre ; ils réussissaient à ralentir et à fatiguer la colonne.

Leur succès dura un jour.

Les spahis furent chargés de faire l'avant-garde ayant toute liberté et la mission de délivrer la colonne en marche de toute inquiétude.

L'officier de cavalerie réfléchit que la force des ennemis venait de leur facilité d'abandonner une position pour en gagner une autre en avant et sur le passage de la colonne : il résolut alors de ne point s'attarder à répondre aux coups de fusil, mais de devancer les cavaliers de Samory sur les points élevés avoisinant la route à suivre. Déroutés par la marche rapide des spahis, trop disséminés pour se rallier et attaquer, les sofas durent renoncer à leur nouvelle tactique.

Il est arrivé aux spahis marchant seuls en avant, de se trouver en présence d'un marigot couvert et supposé occupé par les ennemis.

Attendre la colonne n'était pas remplir la mission donnée : il fallait agir vite et autant que possible bien.

C'est en pareille circonstance que l'officier doit avoir confiance dans ses cavaliers, et que ces mêmes cavaliers doivent être convaincus que le chef est le maître, ne se trompe pas, et que ce qu'il dit arrivera.

L'officier appellera un spahi par son nom et le dialogue suivant s'engagera :

— Tu vois ce marigot ?

— Oui.

— Il y a des sofas avec des fusils ?

— Oui.

— Tu vas y aller ?

— Oui.

— Les sofas tireront des coups de fusil, ils te manqueront ?

— Oui.

— Tu regarderas bien, tu verras s'ils sont beaucoup et tu reviendras me le dire, pars, je t'attends.

Et le spahi part gaiement, tout fier d'avoir été choisi.

Son oreille est fine, sa vue merveilleuse, il entendra et il verra, alors qu'un européen ne percevrait rien, ne distinguerait rien.

Il est certain que le cavalier peut être tué, son cheval

aussi, mais cela n'est pas arrivé, n'arrivera pas ou rarement, et le moyen est bon, au Soudan surtout.

Du reste dans le même ordre d'idées, un moyen analogue a été employé avec plein succès par le colonel de Chevert au siège de Prague.

L'officier commandant les spahis tiendra compte des renseignements rapportés, mais il attachera plus d'importance au terrain qu'au nombre d'ennemis, et à moins de prévoir des obstacles matériels, il marchera rapidement en avant, ayant jeté quelques cavaliers à droite et à gauche pour faire diversion.

En 1885, Samory avait réussi à envelopper avec des forces au moins dix fois supérieures, une petite colonne qui avait à sa disposition moins d'un peloton de spahis. Ces cavaliers furent religieusement gardés comme dernière ressource, par le commandant Combes qui avait eu occasion de les juger ; il ne s'en servit qu'à la dernière extrémité et toujours avec succès. Les spahis de la colonne Combes en 1885, avaient acquis une telle confiance, qu'ils auraient souri dédaigneusement, si devant eux l'opinion avaient été émise qu'ils pussent être battus par tous les cavaliers réunis de l'Almamy.

Ce prestige des spahis n'a pas diminué ; il faut qu'ils le conservent.

Le jour où ce prestige sera atteint, pour raisons de recrutement ou de commandement, ce ne sont plus quelques cavaliers qu'il faudra au Sénégal comme au Soudan, mais des escadrons pour ne pas dire plus.

A la fin de 1893, le lieutenant-colonel Bonnier dirigea contre Samory une colonne qui, malgré des marches exceptionnelles, n'arrivait pas à rejoindre un ennemi plus mobile et toujours bien renseigné.

Trois pelotons de spahis furent envoyés en avant-garde, avec mission, le cas échéant, d'occuper l'ennemi pour donner à la colonne le temps de déboucher.

Les troupes de Samory furent aperçues garnissant un mamelon ferrugineux situé à 5 ou 600 mètres en arrière d'un marigot, aux abords couverts occupés par des guerriers à pied.

Samory n'eût pas attendu l'arrivée de l'artillerie ni celle des tirailleurs ; ne pas marcher de suite, était perdre une occasion de le retenir ou de le battre. Les spahis ont traversé le marigot, d'ailleurs difficile, sans s'occuper des fusils des sofas, et se sont portés au galop sur le mamelon défendu par les meilleurs cavaliers et les meilleurs tireurs de l'Almamy.

L'ennemi n'a cédé qu'à la dernière seconde : un flottement, une hésitation chez les spahis, et ils étaient plus que compromis.

L'officier de cavalerie appelé à servir au Soudan, doit être bien convaincu qu'il peut beaucoup avec peu de cavaliers, mais il faut qu'il marche au but sans indécision, sans arrêt ; il faut que son attitude parle, et dise aux noirs : « Nous sommes de braves cavaliers, nous avons vaincu, « nous vaincrons ».

Il peut à la rigueur, montrer quelque préocupation avant de prendre une résolution, mais immédiatement avant l'action, comme pendant, *jamais*.

CHAPITRE IV.

OCCUPATION DE TOMBOUCTOU.

Le 12 avril 1893, le colonel Archinard s'était emparé de la ville la plus commerçante du Soudan, c'est-à-dire de Dienné.

Le lendemain les notables lui dirent : « Dienné ne peut « être séparée de Tombouctou, les deux villes doivent être

« au même maître, il en a toujours été ainsi, ce serait ruiner
« Dienné que de faire autrement. Les gens de Tombouctou
« sont d'ailleurs les mêmes que ceux de Dienné. »

Il est bien certain que si le Gouverneur du Soudan français n'avait pas pensé à Tombouctou avant la conquête du Macina et la ruine d'Ahmadou sultan de Ségou, il devait fatalement y songer après.

Bien qu'à cette époque il ne fût pas question d'une colonne sur Tombouctou pour l'année suivante, les officiers n'eussent été que bien relativement surpris, si la nouvelle officielle leur en fût parvenue. Chacun y pensait au Soudan, chacun le désirait, l'espérait, s'y préparait, — personne n'en parlait à haute voix du moins.

Quelques mots sur Tombouctou et les Touaregs, doivent précéder la relation sommaire de l'occupation.

Tout d'abord les Touaregs d'origine berbère, race blanche, sont des tribus nomades qui règnent en maîtres dans le Sahara, depuis le sud du Maroc, de l'Algérie et de la Tunisie jusqu'au moyen Niger.

En l'année 956 de l'Hégire (1578-79), le sultan du Maroc demanda au chef de Tombouctou, Askian, de lui céder la mine de sel de Taraze, à deux journées de marche de Taodéani(1).

Celui-ci refusa et pour affirmer son refus, il fit piller par ses Touaregs les villages frontières du Draa marocain.

Le sultan attaqua ensuite Taraze, tua le chef qui commandait au nom d'Askian et occupa la mine.

Plus tard les Marocains furent chassés par les Touaregs de Tombouctou.

La lutte se continua avec des phases diverses entre le Maroc et Tombouctou, jusqu'en 999 de l'Hégire (1621), époque où les Marocains vainqueurs occupèrent Tombouctou, Dienné dans le Macina, pendant plus d'un siècle.

Enfin, chassés par les Touaregs, beaucoup de Marocains

(1) Taodeani : sur l'itinéraire des caravanes de Tombouctou au Maroc, mais plus rapproché de Tombouctou.

qui s'étaient créés des familles dans les lieux occupés, effrayés par la grande distance qui les séparait de leur pays, renoncèrent à retourner au Maroc et s'établirent définitivement à Tombouctou, à Dienné, etc...

Il ne s'ensuit pas que les Touaregs puissent se réclamer du sultan du Maroc, ainsi qu'ils l'ont prétendu pour entraver la marche des colonnes françaises, non, ils ont conservé avec cet empire des relations de commerce, et c'est tout.

Pour résumer avec plus de clarté les faits qui ont abouti à l'occupation définitive de Tombouctou, ils seront divisés, savoir :

1° Flotille du Niger ;

2° Colonne par eau, lieutenant-colonel Bonnier ;

3° Colonne de terre, commandant Joffre.

FLOTTILLE DU NIGER.

La flottille du Niger se composait à la fin de 1893 :

1° Du « *Mage* », petite canonnière en fer, armée d'un canon-revolver sur mat militaire ;

2° Du « *Niger* » autre canonnière en fer, armée d'un canon-revolver « en chasse » à un mètre au-dessus de l'eau ;

3° De quatre chalands ou canots, confectionnés avec les matériaux du pays et l'outillage des ateliers de la flottille.

L'effectif combattant de cette flottille commandée par le lieutenant de vaisseau Boiteux, était de quarante hommes en comptant tout ce qui pouvait tenir un fusil.

La flottille quitta Mopti où elle avait passé l'hivernage, le 16 novembre 1893.

Le but de sa marche était de faire la police du fleuve

entre le lac Débo et Kabara, surtout en aval de Saréféré,
pour préserver les marchands de Dienné des pirateries.

Le lieutenant de vaisseau Boiteux avait toute latitude sur
le choix des moyens : il pouvait même, s'il le jugeait possible, reconnaître Tombouctou pour rapporter des renseignements, mais il ne devait débarquer aucun homme.

Les événements qui ont amené le commandant de la
flottille à occuper Tombouctou n'ont pas à être appréciés
ici ; — toujours est-il que le 12 décembre 1893, le pavillon
français flottait à Tombouctou.

Le lieutenant de vaisseau Boiteux avait donné un bel
exemple d'audace ; il a fait preuve d'une rare ténacité en
maintenant sa conquête, qu'il remit un mois plus tard au
lieutenant-colonel Bonnier, venu en pirogue.

COLONNE PAR EAU : LIEUTENANT-COLONEL BONNIER.

A la fin de l'année 1893, le lieutenant-colonel Bonnier de
l'artillerie de marine, commandant supérieur par intérim
du Soudan français, avait dirigé contre Samory une colonne
expéditionnaire dont le succès fut consacré par l'établissement du poste de Bougouni, sur les bords du Baoulé,
affluent de droite du Niger.

Le 23 décembre, le lieutenant-colonel Bonnier était à
Ségou avec une partie de ses troupes transportées par
eau depuis Toulimandio (1). Le 25, les fractions voyageant
par terre avaient rallié et la colonne était réunie.

Un ordre de mouvement fait aussitôt connaître que deux
colonnes sont formées, ayant Tombouctou pour objectif.

L'une, sous les ordres du lieutenant-colonel Bonnier sera
transportée par eau : elle comprendra 3 compagnies de
tirailleurs, une batterie de 2 canons de 80 de campagne, 2

(1) Toulimandio : en aval de Bamako, au-dessous des roches
de Sotuba.

canons de 4 de campagne et 2 canons de 80 de montagne, enfin un convoi de vivres.

La 2e colonne sous les ordres du chef de bataillon Joffre, fera l'objet d'un chapitre spécial.

Le lieutenant-colonel Bonnier en tête de sa colonne quitte Ségou le 26 décembre 1893, à onze heures du matin.

Officieusement l'arrivée d'un gouverneur civil était connue, officiellement le lieutenant-colonel Bonnier n'en fut avisé que le 28 décembre, alors qu'il était en route et que toutes les fractions devant concourir à l'occupation de Tombouctou étaient en marche.

Le 31 décembre à Mopti, un courrier apporta la nouvelle que le commandant de la flottille du Niger occupait Tombouctou et demandait du renfort pour s'y maintenir.

Le lieutenant-colonel Bonnier fit alors connaître au gouverneur, M. Grodet, que la campagne était engagée, qu'il lui était impossible de revenir en arrière sans compromettre les fractions agissant sur une ligne trop étendue, pour recevoir le contre-ordre en temps utile ; que d'ailleurs cette retraite pourrait non-seulement provoquer une révolution au Soudan, mais faire perdre les avantages péniblement acquis depuis treize ans.

La campagne continua.

Le 1er janvier 1894 le lieutenant-colonel Bonnier quittait Mopti ; le 10 janvier au matin, sa colonne débarquait à Kabara (1) où elle trouvait la flottille du Niger sans officier.

L'enseigne de vaisseau Aube avait été tué dans une rencontre avec les Touaregs et le lieutenant de vaisseau Boiteux occupait Tombouctou.

Aussitôt débarqué, le lieutenant-colonel Bonnier se met en route pour Tombouctou avec deux compagnies de tirailleurs, l'artillerie suit par voie d'eau et le convoi est laissé à Kabara, avec une compagnie.

(1) Kabara : à 6 kil. environ au sud de Tombouctou. Tombouctou abordable pendant les hautes eaux seulement, Kabara presque toute l'année.

Le lieutenant de vaisseau Boiteux remplacé à Tombouctou par la colonne Bonnier reprend avec ses laptots la route de Kabara, mouillage de la flottille.

Dès le 11 janvier des préparatifs sont faits pour le départ d'une reconnaissance, qui sous les ordres du lieutenant-colonel Bonnier, quitte Tombouctou le 12 janvier un peu avant 7 heures du matin.

Le but était de se porter à la rencontre de la colonne de terre commandée par le chef de bataillon Joffre, tout en refoulant les Touaregs, dégageant ainsi la route.

Jusqu'au 17 la garnison de Tombouctou est sans nouvelles de la reconnaissance : ce jour-là vers 10 heures du matin, des tirailleurs isolés d'abord, puis le lieutenant Sarda ensuite, rapportent que la reconnaissance a été surprise et détruite par les Touaregs.

Que s'était-il passé ?

La reconnaissance, en quittant Tombouctou, s'était dirigée vers l'ouest. Dans la journée du 13 elle s'empare de troupeaux dont les bergers fuient à l'approche des tirailleurs, le 14 dans la matinée les razzias sont sérieuses, un campement est dispersé et les prisonniers font savoir qu'un autre grand campement, encore occupé, n'est pas éloigné.

La colonne fait une halte, les troupeaux sont laissés sur place et la garde en est confiée à un peloton de tirailleurs, lieutenant Sarda.

La reconnaissance réduite à l'effectif d'une compagnie, continue sa marche et arrive à 5 heures du soir au campement de Tacoubao que les Touaregs évacuent.

On s'empare de quelques femmes, de troupeaux de bœufs et de moutons.

Le bivouac s'établit, la température est relativement basse, les indigènes en souffrent ; des feux restent allumés et servent de repères aux fractions envoyées à la poursuite.

Les tirailleurs ont formé les faisceaux, les mesures de sûreté ont été prises.

Le 15 au matin, un peu avant le jour, le cri « aux armes »

se fait entendre, un coup de feu le suit, des javelots tombent aussitôt jusqu'au milieu de l'état-major, des cavaliers surgissent de tous côtés, les tirailleurs affolés jettent leurs armes et fuient.

Onze officiers, deux sous-offieiers européens et 64 indigènes sont tués.

Du 17 au 30 janvier, la garnison de Tombouctou reste sur la défensive ; elle n'est pas attaquée.

Le 31 janvier elle détache 200 tirailleurs et une section de 80 de montagne, qui partent en pirogue pour Goundam ; à Kabara plusieurs chalands, dont un armé d'un canon-revolver, se joignent à cette troupe qui opère sa jonction, le 2 février, avec la colonne Joffre.

COLONNE DE TERRE : COMMANDANT JOFFRE.

Une colonne de terre constituée à Ségou par ordre du lieutenant-colonel Bonnier, commandant supérieur par intérim, ayant Tombouctou pour objectif, complétait son organisation le 26 décembre 1893 et le 27 elle traversait le Niger.

Elle se composait comme combattants, d'une compagnie et demie de tirailleurs, d'une section d'artillerie, 80 de montagne, du 2ᵉ escadron de spahis soudanais, d'un peloton de spahis auxiliaires.

Cette colonne, placée sous le commandement du chef de bataillon Joffre du génie, avait pour mission de se porter sur Tombouctou par la rive gauche du Niger, en passant par Sausandiny, le Nampala, le lac de Kabara (1) et Goundam.

(1) Kabara : n'a de commun que le nom avec Kabara, port sud de Tombouctou.

Des renseignements laborieusement acquis permettaient d'espérer que le commandant Joffre arriverait à destination vers le 20 janvier, les approvisionnements indispensables étaient calculés dans ce sens.

La colonne se présenta devant Tombouctou le 12 février seulement !

Et si les vivres pour les indigènes et pour les animaux, purent être renouvelés plusieurs fois pendant la route, il n'en fut pas de même des rations européennes qui successivement réduites, devinrent par trop insuffisantes.

Si le commandant d'une colonne au Soudan n'avait à se préoccuper que de la question « ennemi », une expédition serait le plus souvent une marche agréable dont les quelques rencontres marqueraient les jours de fêtes ; mais il y a le climat, les vivres et la terrible question de l'eau.

Toutes choses qui influent sur le physique d'abord, sur le moral ensuite, et qui d'un combattant mal trempé font non seulement une non-valeur, mais une charge, et une lourde charge pour une troupe en marche au Soudan.

Le premier devoir du chef paraît donc être de choisir des Européens d'un certain âge, autant que possible faits au climat, d'éliminer sans merci, quelle que soit sa bonne volonté au départ, tout jeune soldat dont l'organisme réclame encore une nourriture substantielle, dont l'endurance ne peut être que relative, et dont le moral est impressionné par le trop vivant souvenir de la famille.

Il vaut mieux partir moins nombreux et rester valides : il y aura moins de sujétions pour tous, les vivres dureront plus longtemps.

Les moyens de transport par voie de terre, au Soudan, consistent pour une colonne en un nombre plus ou moins considérable de porteurs dont la charge moyenne est de 20 kilogr. Lorsque la disette se fait sentir, il est bien difficile d'exercer une surveillance assez efficace pour que les sacs ne se vident pas un peu chaque jour, pour que les caisses ne soient pas percées, etc...

Encore n'est-ce qu'une misère relative, quand chacun des porteurs peut avoir de l'eau souvent et autant qu'il veut, quand il trouve un peu de bois pour se chauffer pendant la nuit et cuire les quelques débris de viande qui lui sont jetés.

Si le commandant de la colonne a cette grosse préoccupation « vivres », l'officier chargé sous ses ordres de la conduite du convoi, assume une tâche ingrate : il part compatissant d'abord aux peines des malheureux porteurs, puis il devient sévère et enfin impitoyable, ayant pour premier devoir de conserver les vivres des combattants, surtout ceux des Européens

Je mentionne avec plaisir le nom de l'officier qui, dans ces conditions difficiles, a su mener à bien la conduite du convoi et contribuer ainsi à la réussite de l'expédition : c'est M. le capitaine Pouydebat, aujourd'hui au 15e régiment de chasseurs.

Les rencontres que la colonne Joffre ou des fractions ont eues avec les ennemis ne semblent pas mériter d'être rapportées en détail, en raison du peu d'intérêt qu'elles présentent au point de vue tactique.

Il suffit de relater qu'en plusieurs circonstances les spahis chargés, dans des conditions extrêmes, de ravitailler une colonne manquant de vivres, ont réussi des opérations « casse-cou » et ont ramené sinon l'abondance, du moins le nécessaire.

Le 1er février le commandant Joffre, ayant à sa disposition quatre pirogues ramenées de Tindirma par les spahis, tente le passage du marigot de Goundam large de 300 mètres. Le courant est rapide, l'eau profonde, l'opération est délicate et peut durer longtemps.

Une lettre de Tombouctou, reçue ce même jour, à 10 heures du matin, annonce l'arrivée par eau d'une compagnie de tirailleurs, d'une section de 80 de montagne, de plusieurs chalands de la flottille, et elle apporte aussi la triste nouvelle de la surprise de Tacoubâo.

L'émotion fut pénible.

Le 2 février, le détachement de Tombouctou était à Goundam ; le commandant de la flottille avec ses chalands, aida puissamment au passage de la colonne Joffre, pour ne pas dire qu'il le fit à peu près complètement.

Le chef de bataillon Joffre disposait dès le 3 février d'une colonne sérieuse, n'ayant rien à craindre d'une attaque directe, mais devant redouter une surprise d'autant plus dangereuse que les tirailleurs indigènes voyaient des Touaregs partout, s'inquiétaient, manquaient de confiance.

Aussi pendant la marche de Goundam sur Tombouctou, les mesures de sûreté les plus prudentes furent-elles prises !

Le 8 février au soir, la colonne campait près de Tacoubao : le 9 au matin elle arrivait sur le terrain de la surprise du 15 janvier : les corps des indigènes furent enterrés sur place, ceux des européens, recueillis et transportés à Tombouctou.

Le 12 février 1894, la colonne de terre bivouaquait sous les murs de la ville, après avoir parcouru environ 800 kil.

L'établissement d'un poste à Goundam, longuement étudié, avait été jugé indispensable.

Le 5 mars, une petite colonne partait de Tombouctou pour occuper Goundam, s'y maintenir et fonder ce poste.

Pendant cette marche, il était à craindre que les Touaregs, bien renseignés, ne fussent tentés d'essayer d'une nouvelle surprise.

Le commandant de la colonne partant de ce principe, qu'une troupe pour se défendre doit pouvoir se reposer, manger et dormir, organisa le service de sécurité de la façon suivante : chaque soir les heures de la nuit furent partagées en autant de fractions égales qu'il y avait d'officiers européens.

Chaque officier pendant ce laps de temps, faisait le tour du campement, visitait les sentinelles ; il réveillait ensuite le camarade qui marchait après lui, ne le quittait qu'après l'avoir vu debout et prenant son service.

Une répartition analogue était faite entre les sous-officiers qui partaient en sens opposé et commençaient leur ronde, une demi-heure avant ou après les officiers, suivant l'ordre donné.

Dans le campement chacun pouvait dormir tranquille : un officier et un sous-officier marchant en sens inverse, répondaient de la sûreté de tous.

Dans toutes les rencontres, les garnisons de Goundam et de Tombouctou ont battu l'ennemi : de nombreuses soumissions ont été faites.

Sont-elles sincères ?

D'autres tribus se réservent, et se réserveront longtemps encore, probablement.

La haine du musulman pour le chrétien se double du mécontentement de se voir chassé d'un pays où il était le maître.

Aussi, dès que les Touaregs se croiront les plus forts ils attaqueront et, en attendant, tout détachement qui se laissera surprendre sera anéanti sans pitié.

L'occupation de la région de Tombouctou doit avoir pour complément la possession effective des territoires situés au sud et en aval, jusqu'à la limite de la zone d'influence française : l'avenir consistera à rattacher le Soudan français avec nos colonies du bord de la mer : Dahomey, Côte-d'Ivoire, etc...

Des missions ont commencé à jalonner ce projet.

Dernièrement, le lieutenant de vaisseau Hourst a parcouru le Niger, de Tombouctou à Say ; il a reconnu que sur 500 kilomètres le fleuve n'était pas navigable, ne pouvait pas servir de voie de communication entre la mer et Tombouctou. Il en résulte que la seule route sérieuse de pénétration au centre du Soudan français, est le Sénégal et le Niger, reliés par une voie ferrée.

La construction de ce chemin de fer s'impose donc aujourd'hui plus que jamais.

Ensuite, les communications faciles étant assurées, l'organisation militaire sera moins onéreuse et plus puissante ; les guerres de voisin à voisin, de tribu à tribu, d'état à état, cesseront ; les noirs confiants, cultiveront, produiront, feront des échanges ; la métropole verra son commerce s'accroître ; le pavillon français ne flottera plus sur une colonie stérile ; la condition morale et matérielle des indigènes se sera élevée, et la France aura accompli une œuvre utile, humanitaire, digne d'un grand peuple.

F. PROST.

Châlons, imp. Martin frères

www.ingramcontent.com/pod-product-compliance
Lightning Source LLC
Chambersburg PA
CBHW061645060726
47597CB00005B/2067